スマナサーラ長老の
悩みをなくす７つの玉手箱
1

ライバルのいない世界

ブッダの実践方法

国書刊行会

ライバルのいない世界【目次】

2 ヴィパッサナーの実践方法

イラスト：笛岡法子
装　帧：佐藤広基・佐藤桃子（REALIZE）

ライバルのいない世界　ブッダの実践方法

はじめに

お釈迦《しゃか》さまが説かれた教えは、「冥想《めいそう》」というよりは「実践方法《じっせんほうほう》」です。

とても客観的で、具体的にこころを育てる方法なのです。

具体的なので、理解できないことというのは、ほとんどないと思います。また、どなたにも簡単に実践できます。

仏様や神様が、われわれになにか特別に力を与えてくれるというような神秘的な話は、おもしろがる人も、疑う人もいます。

じつは、お釈迦さまの教えは、そういう神秘的な解釈はそれほど推薦《すいせん》しないのです。

たとえば、

「適度な運動をし、バランスのとれた食事を摂《と》ると、健康でいられる」というのは、それほどおもしろい話ではないですが、疑うべきことではないでしょう。

お釈迦さまが教える、こころを清らかにする実践方法も、それぐらい具体的な話だと理解したほうがよいと思います。

アルボムッレ・スマナサーラ

1　ライバル意識

1

向上心のなかにあるライバル意識

人間というのは、ふつうは欲張りなのですね。

たとえば、「偉《えら》くなりたい、偉くなりたい」と思っていることがよくあります。

偉くなりたいという気持ちはけっして悪いことではなく、よい向上心なのです。

でも、その気持ちのなかには、その人の成長を妨げる、かなり汚《よご》れた手強《てごわ》いウイルスが潜《ひそ》んでいます。

そこには、ほかの人びとと比べる気持ち、他を抑えて自分が特別な人間になりたいという気持ちがはたらいているのです。

「ライバル意識」と言っておきましょうか。

なにをしても、このウイルスがハンディ（邪魔）になって、人の生きる喜びを苦しみに変えてしまいます。

たとえば、教育現場にもライバル意識がみられます。

勉強するのはとてもすばらしいことで、またたいへんおもしろくて楽しいことだと思います。人間はだれでも、しっかりした知識があったほうが、本人のためになりますし、世の中のためにもなります。

そこで大人《おとな》たちは、子どもたちに勉強に興味をいだかせようとして、

みんなライバル

子どものこころのなかにライバル意識を植えつけたり、競争心を植えつけたりします。

それは、ものすごくきたなくて汚《よご》れている行為だというのが、仏教の立場なのですね。

自分の能力を極限まで開発して育てるのは、悪いことではないのです。それは、とてもすばらしいことです。

しかし、そのために、なぜ他人と自分を比べて、競争して、他を倒そうという気持ちで、それをしなくてはならないのでしょうか?

他を意識するために、恨《うら》むために、倒すために、なぜ自分の能力を浪費する必要があるのでしょうか?

そのむだに使うエネルギーも、自分の向上に有効に使用するほうが、賢い生き方ではないでしょうか？

だれかをライバルに見立てて自分のやる気を奮《ふる》い立たせる方法は、こころの狭《せま》い人のやり方です。敵がいないと行動できないのですね。

おもしろい例があります。

アメリカ合衆国は、さまざまな工夫をして、世界で一番強い国になっています。アメリカの成功物語を聞くと、ライバルを仮定して、頭の中で敵をつくって進んできたのではないかと思われます。

「ソ連が悪いのだ」

「キューバが悪いのだ」

「アメリカの敵だ」

云々《うんぬん》と考えていたのです。「共産圏はすべて悪いのだ。つぶさなくてはいけないのだ」などと妄想《もうそう》して妄想して、自分でどんどん武器を開発したり、科学の開発や研究をしたり、経済対策を立てたりしました。

その結果、経済的にも、政治的にも、いま、世界で一位になって、力をふるっています。

アメリカが、ひとつの国として「強くなりたい」と思ったとしても、いっこうにかまわないし、ものすごく豊かになりたいと思うのも、自然な希望です。

でも、その立場を獲得したいという衝動《しょうどう》は、敵意、ライバル意識ですね。

仏教の道徳の立場からみると、だれか敵がいないと動けないというの

は、それほど高いレベルのはたらきとはいえないのです。だれかと喧嘩《けんか》してみて、

「どうだい、オレのほうが偉《えら》いじゃないか」

という、どこか幼稚な気持ちなのですね。

個人としてではなく、国という立場で行動するときでさえも、敵、ライバルに勝つという気持ちで動いているのです。

だいたい人類は、その気持ちで動いているのですよ。

それでは、世界も人間も幸せにはなれません。

不幸だけなのですね。

2

努力は大切です

よくなろうと努力することが悪いのではありません。

人間は、怠《なま》けてはいけません。人間というのは、かならず努力しなくてはいけません。毎日毎日、自分をよりよい人間にするために、努力しなくてはいけません。

社会としても、今日よりは明日、よりよい社会、よりよい国をつくろうという努力は、絶えず保ちつづける必要があります。

「ああ、もうやり遂《と》げました。終わりました。ご苦労さまでした。よかった」

という感じで終わることは、仏教からみると成り立たないのです。すべてのものは絶えず変化して変わっていくのですから、世の中の現象には停止状態がないのです。

「成功しました、終わりました」

と安心して気を抜くこともよくないのです。

たとえば、日本の国にしても、経済的に成長して、ピークまで発展しました。それで、

「経済大国になった」

と安定感が生じ、一息ついたような気がします。それから、怠けてしま

うという方向へ、こころが動くのです。

わたしが冗談に言う「ぜいたくボケ」という状態です。それでどうなったかというと、どんどん悪化しはじめたのですね。

世の中では、どんなものにも「これで最高」「これで終わり」ということはないのです。

ですから、俗世間のものごとについては、

「毎日、努力しなくてはいけない」

と、お釈迦さまは、それはもうはっきりと、おっしゃっています。

ぜいたくボケ

3

ライバル意識では成長できない

というわけで、努力するのは正しいことなのですが、なぜ、他人をつぶすことも同時におこなおうとするのでしょうか？

なぜ、ライバル意識で、競争心で、がんばらなくてはいけないのでしょうか？

そうすると、結局、成長がなくなってしまうのです。なぜなら、自分がライバル意識でだれかをつぶそうと思うと、そちらもライバル意識でこちらをつぶそうとするのですから。

だから、数学的に考えると、わたしが一〇メートル歩こうとすると、わたしのライバルはわたしを後ろに引っぱって、四メートルしか歩けなくなってしまうのですね。

もしライバルが強ければ、四メートルどころかゼロメートルで終わってしまいます。もっと強ければ、ゼロどころかマイナスになってしまうのですね。

だから、ライバル意識で行動するということは、ほとんどむだな努力をしていることになってしまいます。

そのなかで強い人だけが、なんとか前に進む……。

世の中を見てみると、成功しているかのように見える人びとは、たい

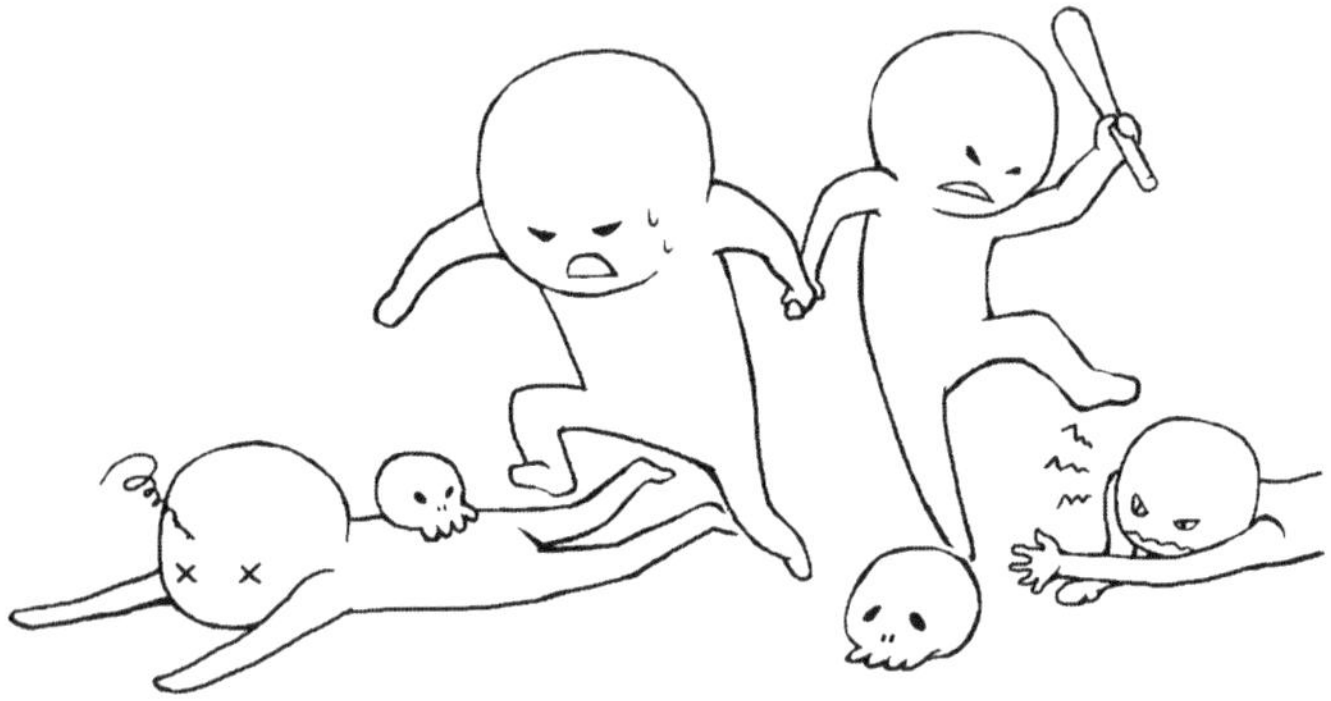

足の引っぱりあい

がい、あやしい暴力的な人間ではないか、と思わずにいられないのです。

なぜでしょうか？

政界であろうが、経済界であろうが、学問の世界であろうが、世の中で成功していると見られている人は、かなり他人をつぶして、壊《こわ》しているのですよ。

わがままで、我《が》が強くて、頑固《がんこ》な性格の人びとなのです。

そして、彼らがリーダーシップをとって、世界を支配するでしょう。

ですから、この世の中がよくなるとはいっこうに見えませんし、平和で、豊かで、平等な世界になるだろう、と予測することもできないのです。

なにか人間に問題や悩みが出てきても、世界を、社会をリードしているかたがたからは、いい答えがぜんぜん出てこない。

彼らが出す答えは、いつでも、だれかをつぶして、だれかを褒《ほ》め称《たた》えるような気持ちの答えばかりなのですね。

だから、世の中のそういう生き方は、まったくまちがっているのですよ。

4

仏教の「道」

世の中の生き方がまちがっているからこそ、お釈迦さまが「道」というものを教えたのですね。人間の「道」というものはなんなのかと。それは、「中道《ちゅうどう》」と呼ばれている道なのです。

突然、「中道」と申しあげても、どういう意味かわかりにくいのですが、「中道」はことばを換えれば「超越道《ちょうえつどう》」「疑問や疑いなどがない道」「智慧《ちえ》の道」でもよいと思います。

「中《ちゅう》」はパーリ語のマッジャ（majjha）です。あらゆる固定観念、偏見、主観、主義などにふりまわされないで、客観的にものごとを観察して、至るべき結論に達する道として理解できます。

あいまいでない生き方を選ぶ方法です。

「中道」については、たくさん勉強をしなくてはなかなか理解できないかもしれませんが、これから今日のテーマを「中《ちゅう》」の立場から考えてみましょう。

人間は、なみなみならぬ努力をするべきである。それは自分の能力をできるかぎり開発するためであって、それで人間が幸せになるのです。

自分が幸せになると同時に、他人も幸せにならなくてはならない。自分の幸せが他人の不幸になるのであれば、それは危険で、まちがっているのです。

「中道」は、自分の幸せのための努力が他人の幸せにもなるという道なのですよ。他人を幸せにするためには、ライバル意識があると、まるっきりだめなのです。

陸上競技などに参加して、たとえば四人の子どもたちが走るとしましょう。そこでは四人とも、自分の力を精いっぱい出して走ってほしいのですよ。

まあ、一人の子どもが一位になったり、もう一人の子どもが二位になったりするかもしれません。

でも、一位になった人は、けっしてあとの三人をつぶしたわけではないのです。ただ、自分の力を精いっぱい出しただけです。

それで、喜ぶ場合は四人とも喜ばなくてはいけないのですよ。

それなのに、コーチをする人びとが、すごくいやな汚《きたな》いライバル意識で、こころのなかに敵をつくって、「相手をつぶせ！」という感じで指導するのです。

それで神経がピリピリするし、ミスが怖《こわ》くなったりするし、負けたら悔《くや》しくて落ち込んだりもします。

そういうことがなければ、競技などというのは、かなりおもしろいものだと思いますよ。

たとえば、子どもの野球にしても、

「むこうはその手でくるのですか。だったら、われわれはこの手でいくぞ」

どちらが勝っても楽しい

とかね、そうやっておもしろく試合をすると、勝っても負けても、どちらでも楽しい、という結果になるのですよ。

そして、勝った側《がわ》が負けた側をほんとうに褒《ほ》めてあげる。

「おかげでいい試合ができました」

と。負けた側も、

「ものすごくいい戦いができて、わたしたちはたいへんありがたいですよ」

と勝った側を称《たた》える。

そのような社会こそが、平和な社会になるのですね。

5

子どもたちのストレスの原因は「ライバル意識」

いま説明したのは、みなさまにわかりやすい日常の世界の立場なのですね。

なぜ、われわれは仕事でストレスがたまるのか、なぜ、子どもたちが勉強で、ものすごいストレスがたまるのか、そして、親を殺すとか、先生を殺すというところまでいってしまっているのかというと、原因は、この「ライバル意識」なのですよ。

ちょっと狂えば、人殺しまでいってしまうのですね。いちばんの問題点は、日本のような社会で、なぜ、子どもたちが人を殺すのかということです。

これは、ありえない話なのですよ。

経済的にも豊かで、社会にべつに戦いとかがあるわけでもないし、だれも人を殺すことやら、暴力をふるうことをほめているわけでもないし、全体的に平和な国なのに、みんなおたがいにすごく行儀《ぎょうぎ》よく正しくふるまっている社会なのに、なんの問題もないのに、子どもたちがさっとだれかを殺してしまう、ということが起こっているのですね。

子どもたちが戦争にまきこまれている国ぐにとはまったくちがって、平和な、豊かな、子どもにとって最高の環境なのに……。

子どもたちの殺人

まあ、大人《おとな》どうしがけんかをして、ちょっと感情的になってだれかを殺したとしても、なぜそんなことが起きたかということは、われわれにもわかるのですよ。

たとえば強盗《ごうとう》に入ったところ、家の人に見つかって、もう怖くなって殺してしまったとか。そういうのは、社会問題ではありません。解決法はすぐに見つかります。

家に強盗が入らないように、いろいろな対策をすれば、それで終わりますし、あるいは、町の人びとや村の人びとが、それなりに自分の町や村を守るように、なにかシステムをつくれば、その問題はかなり解決します。

でも、子どもが自分の親を殺すのをどうやって解決するかというと、これには解決方法がないのですね。

だからわたしは、そういうケースは、たいへん危険な、ものすごく恐ろしいことだと思いますよ。なぜ起こるのか理解もできないような犯罪が起こる理由は、だれにもわかっていないのですね。

このような犯罪を引き起こす種《たね》はなにかというと、人類のこころに潜《ひそ》んでいる「ライバル意識」なのですよ。

競争においては、うまくいく人も、うまくいかない人も出てきます。たとえ、ほんとうは能力があったとしても、がんばればうまくいくはずであったとしても、戦いのなかでちょっと足がすべっただけで、もう終わりなのですね。

オリンピックで金メダルをとるだろうとみんなが期待していた選手

が、走っている途中でちょっと足がすべってしまったのですよ。ちょっとこけただけで、また立ち上がって走ったのですが、それでもう、すべてのメダルの可能性が終わりです。

そうすると、その選手にとっては、あまりにも悔しいでしょう？　あれほど能力があって、あれほどやれる人なのに。こけないで走れば、金メダルがとれるはずだったのですよ。でも、ほんのちょっとのできごとで、足がちょっとすべってしまった。あの〇・〇一秒の問題が命取りになってしまったのです。せっかくのチャンスが、なくなってしまったのですね。

だから、生き方を競争にしてしまうと、そのようにこけてしまうこともあるのです。

そのように、競争意識で、ライバル意識でつまずいた子どもたちが、もう悔しくて悔しくて、それでなにかしてしまうのですね。

問題を起こした何人かの子どもたちの例を新聞で読んでみましたけど、かなり頭がいいですし、かなり鋭《するど》いのです。それなのになぜ、罪を犯して人生をだいなしにしてしまったのだろうかと考えると、すごく悲しいのですよ。

その原因は、世界が全体的に、競争して競争して、ライバルをつくって、敵をつくって、相手をつぶすことが成長だと思っている、その「ライバル意識」なのですよ。

そういうことは、仏教では認めません。

仏教というのは、「共存《きょうぞん》の論理《ろんり》」なのです。競争の論理ではないのです。

だから、仏教の考え方をよくよく理解してみると、われわれには正しい生き方というのが見つけられるはずなのですね。正しい教育システムはどうあるべきか、ということが見つかるはずなのです。

会社どうしでも、ライバル意識でつぶしあいをやるのではなくて、おたがいに助けあって成長するということもできるのですよ。そこで、相手の会社を壊さないと自分たちは成長できないというのは、それは論理的ではないのです。

うちの会社も成長して、相手の会社も成長するような共存の論理でいくと、成長には限度《きり》がないのです。いくらでも、成長していくことができます。

6

宗教の世界にみられるライバル意識

また、宗教の世界においても、激しいライバル意識、競争意識がみられます。

それは、こころの法則、真理を理解していないということになります。それでは、神秘的な世界に興味をもたない普通の人とあまり変わらない人間が、宗教をつくっていることになります。

哲学も、それに似ているのです。哲学も、けっして平和的ではない。

すごく凶暴です。哲学は人を殺したりはしませんけど、その代わりに知識世界で戦いを挑《いど》む。

いろいろな哲学書を読んでみてください。やはり、きつく感じるところもありますね。なぜかというと、ある思考方法、思考システムを、ことごとくつぶして、自分のシステムを成り立たせようとしているからです。

仏教のなかでも、よくみられますけどね。たとえば竜樹《りゅうじゅ》という人が、「空《くう》」の思想というシステムをつくったのですが、それもまたきびしい思想です。ことごとく人の思想を壊すのです。たとえその思想がすばらしいものであっても、激しさ、きびしさがなくなってないのですよ。

また、日本の仏教界で有名な唯識論《ゆいしきろん》にしても、ことごとく他の思考を壊すという恐ろしさがあるのです。思想じたいはすばらしいかもしれませんけれど、平和的ではないのですね。優しさがないのです。

お釈迦さまの哲学は、攻撃的ではないのです。

お釈迦さまも、まちがっている世の思想を正さなくてはならなかったのですが、すごく優しくて、平和的なアプローチで語ったのです。「中道《ちゅうどう》」「超越道《ちょうえつどう》」を説いたのですから、あいまいなところがまったくなく、事実を語っているのです。しかも、その教えがだれをも攻撃していないのだから、その教えをだれも攻撃することができないのです。

それで、わたしが言いたいのは、宗教にしても、宗教をつくりだした人のこころにライバル意識が潜《ひそ》んでいたのだから、宗教の世界にも平和がないということなのです。

結局、おたがいに憎《にく》しみあって、たがいにけんかしあって、がんばっているのですね。そして、宗教のことで戦争まで起こるのです。

だから、矛盾《むじゅん》があるといえば、あきれるほど矛盾だらけなのですよ。

たとえば、神様を信じている宗教では、「神は偉大なる慈《いつく》しみをもっている」と言いながら、おたがいに殺しあいをやっている。

神様は、だれを救えばいいのでしょうか？　殺す人ですか？　あるいは殺される人ですか？

だいたい、殺されるのは弱い人でしょう。力がない人でしょう。もし神様が、言われているとおりの「慈しみのかた」であるならば、殺された邪教の弱い人を助けてくれるでしょう。神様を信じた正しい教えの人のほうが、地獄《じごく》に堕《お》ちることになるでしょう。
このように見ると、簡単に矛盾が見えてくると思います。同じ宗教のなかでも、すぐにいろんな宗派《しゅうは》に分かれてしまいますが、分かれることじたいもライバル意識なのです。

「あなたはまちがっていて、わたしは正しい」とか、「こちらのほうが正しい」とか言って分離する。もしまちがいがあるのならば直せばいいことで、どちらが正しいかはっきりしないときは、「意見は二つある」と納得して仲良くすればいいのに、ライバル意識のおかげで分かれてしまうのです。

たとえば、キリスト教の世界で、ローマ教会のやり方がおかしいと思ったならば、教会じたいを改良すればいいのに、そうではなく、人びとは革命を起こして分かれるのです。

ローマ教会もライバル意識で、頑固《がんこ》に新しい考え方を認めないし、新しい考え方を出す人びともライバル意識をもっている。「ローマ教会をつぶせ」というような気持ちがあるのです。

ローマ教会も、自分のまちがいを教えてもらったら、「ああなるほど、ここはよくないな。じゃ、直しましょう」と言って、自分のまちがっているところを直して仲良くすれば分裂しないはずなのですが、たがいに相手をつぶそうとした結果、プロテスタント派という宗派が出てきたのですね。

それっきり、おたがい仲が悪くて……。

最近までイギリスで、テロをやったり人を殺したりしていましたが、

「こちらのほうが正しい」

その唯一の理由は、同じ神を信じるイギリス国教会とカトリック教会という宗教どうしの対立なのですね。

だから宗教の世界にしても、結局、善人がつくりだし考えだしたものではない、と思わずにはいられないのです。

全体を見渡すと、この世の中にあるのは、「ライバル意識」でこころの汚《よご》れた悪人たちがつくりだし考えだした宗教、政治論、経済論だといえるのではないでしょうか。

だから、世の中には、いっこうに救いの道はないのですね。

7

修行する人のこころに巣食うライバル意識

宗教のなかに、もうひとつみられるのが、特殊能力《とくしゅのうりょく》、超能力《ちょうのうりょく》という概念なのですね。

お釈迦さまの時代のインドの宗教にしても、西洋の宗教にしても、どういうわけか、みんなそれを祈願《きがん》して、切望しているのです。

特別な、なにかの能力があってほしいと思うのは、なんのためでしょうか？

他人より自分に特別な能力があってほしいと思う気持ちは、どのようなものでしょうか？

そのこころの底にあるのは、あのきたない、汚《よご》れている「相手をつぶしたい」というライバル意識なのですよ。たまたま、宗教の世界にそれが現われたのです。聖なる世界も、汚れた思考でつくりだされたわけですね。

仏教は、超能力にかんしては、とてもクールです。ものごとを客観的に見ることで、お釈迦さまは「こころを清《きよ》らかにしなさい」とおっしゃっています。

経典《きょうてん》に、次のようなことばがあります。

「こころを清らかにしようとしているあなたが、もし『わたしはがん

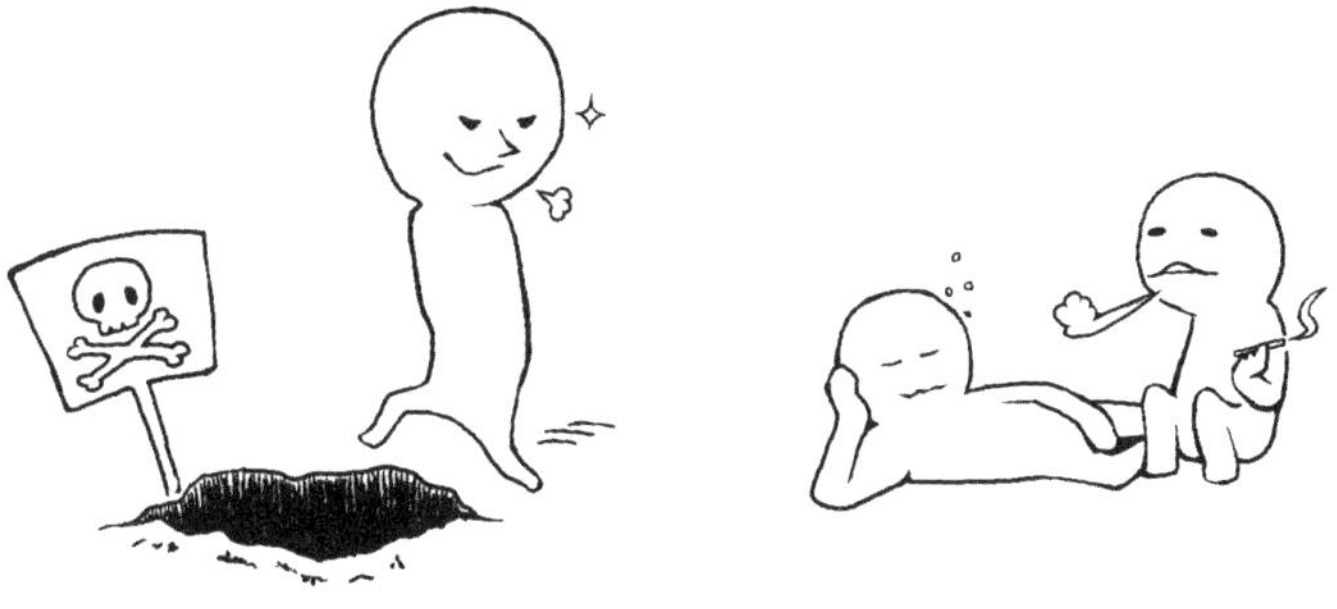

「この連中はがんばっていないではないか！」

ばっている。ほかの連中はぜんぜん、聖なる道でがんばっていない』と、こう思ったなら、あなたのこころは汚れているのです。そういう人は、解脱《げだつ》に達することはできません」

逆に考えればいいのです。

「この人びとは、一所懸命がんばっている。なぜ、わたしはがんばらないのか。これはよくない。わたしもがんばらなければ」

と。これはいい考え方なのです。

「わたしはここまでがんばっているのだ。この連中はなんなのだ。がんばっていないではないか！」

と批判的な思考をもってしまったら、その人はそれっきりで成長はなし、ということになってしまうのです。

8

お釈迦さまの道をあゆむ人は「我」をなくす

ですから、たとえ修行《しゅぎょう》するにしても、実践《じっせん》するにしても、その結果として特別な能力が自分についてきて、ほかの人より優《すぐ》れている、宙《ちゅう》に浮いていることができる、などと思ったら、こころの汚《よご》れはそのままになります。

なにも得られなくなってしまうのですね。

だから、とことん謙虚《けんきょ》になることです。成長というのは、「自分は何

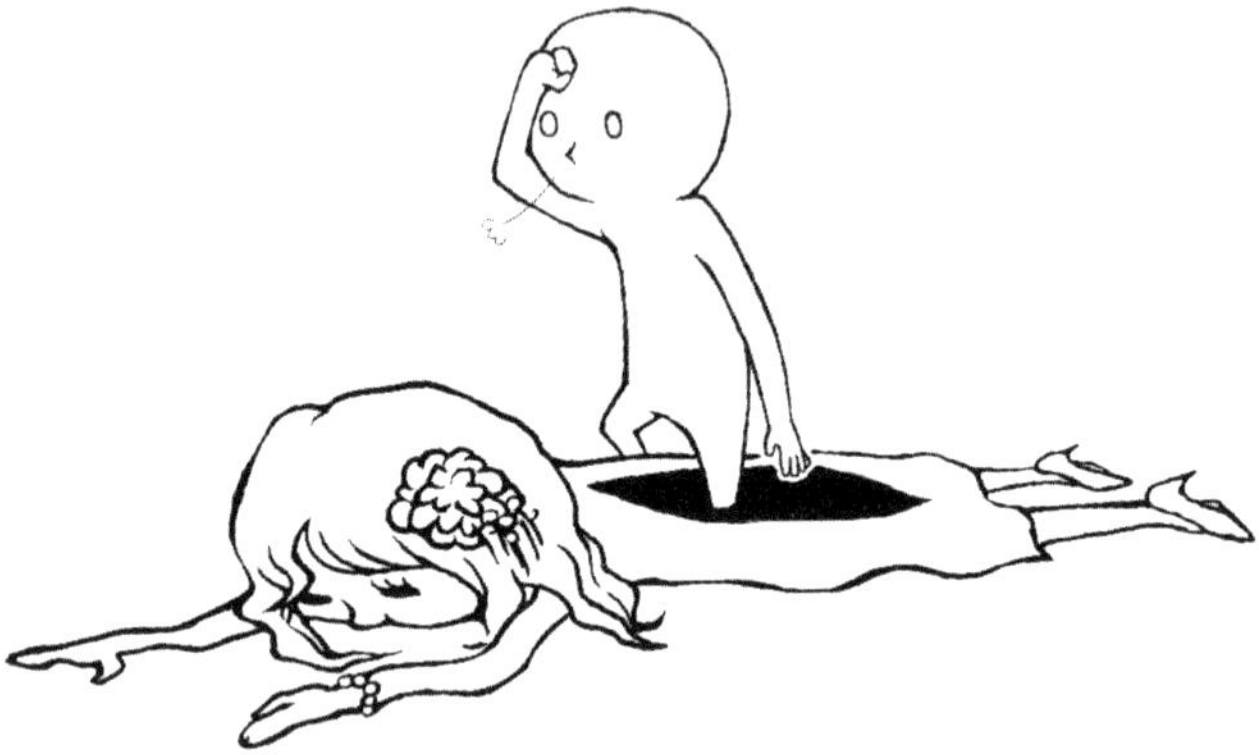

「我」をなくす

者でもない」というところにまで達することなのです。

だから、ほんとうにお釈迦さまの道をあゆむ人は、「我《が》」をなくすのです。自分が特別な存在だという気持ちがどんどん消えていって、最終的には「自分」という自我意識さえ消えてしまうのです。

それが正しい道だと、お釈迦さまはおっしゃっているのです。

そこには、かすかにでも競争というものは成り立ちません。

仏教はそういう方法なので、超能力をふりかざすものではありません。すごく客観的で、科学的な実践方法なのです。

そこで次に、お釈迦さまが教えてくださったその科学的な実践方法をご紹介しましょう。その方法は、ヴィパッサナー（観察）冥想と呼ばれています。

2　ヴィパッサナーの実践方法

1 第一の条件「スローモーション」

では、実践のやり方を説明します。

実践には、三つの条件があります。その条件を適切に守ると、お釈迦さまの冥想実践になるのです。

一番目は（わかりやすいから一番目にしていますが）「**スローモーション**」です。

実践する場合は、だれでもいきなりこころにチャレンジするより、身体から始めたほうがやりやすいのです。

それで、身体をスローモーションで動かすことによって、こころの焦《あせ》りを落ち着かせるのです。

人はいかなる場合でも、焦ってはいけません。焦ることじたいが「欲《よく》」なのですよ。

世の中、焦る必要はないのです。世の中のものごとのスピードというものは、それぞれ決まっているのです。

たとえば、駅まで行くときに、「どうしても一分で行くのだ」と決めることは、わがままで「欲」なのです。

駅までの距離があって、道があって、その道の状況があって、行く手段があって、ほかの条件もいろいろあります。

それらをすべてまとめると、自分の欲には関係なく、何分かかるかということが、おのずから出てくるのです。

お米を炊《た》くときには、お米がご飯《はん》に変わるまでの時間は決まっているのです。それを早めることも、遅くすることもできません。

ふつうはまあ、四十五分くらいかかりますけど、「じゃあ、わたしは三時間かけてご飯を炊くぞ」と思っても、「じゃあ、十分でご飯を炊くぞ」と思っても、おいしいご飯にはなりません。

だから、真理の世界で、「焦る」ということは成り立たないのです。

でも、人間はすぐに焦る。

なんでもかんでも、早くやりたがる。

早くやりたがる気持ちがあればあるほど、人間は無知、無明《むみょう》のまま、ものごとの理解をしないままで終わってしまうのですね。

「欲」のままで終わってしまうのですよ。

「もっと早くやりたい、もっと早くやりたい」

という欲だけ増える。

無知、無明、愚かさだけが増えてしまうのです。

ですから、強引に動作をスローモーションにしてみるのです。

最初は、簡単ではありません。欲に覆《おお》われて、こころが暴《あば》れまわっているのですから……。

たとえば、
手を上げる場合は、ゆっくりーと手を上げてみる。

手を下げる場合は、ゆっくりーと手を下げてみる。

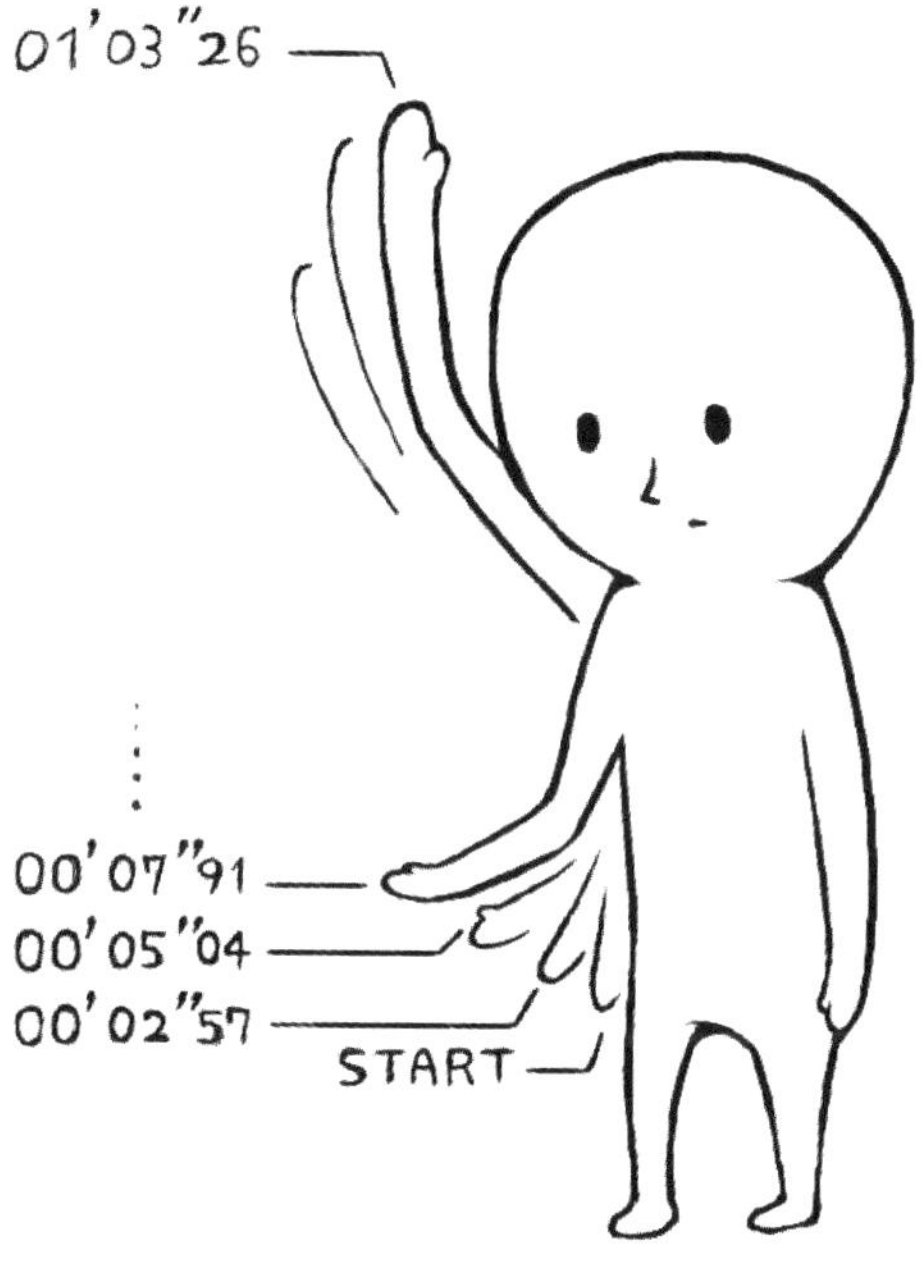

ゆっくりーと手を上げる

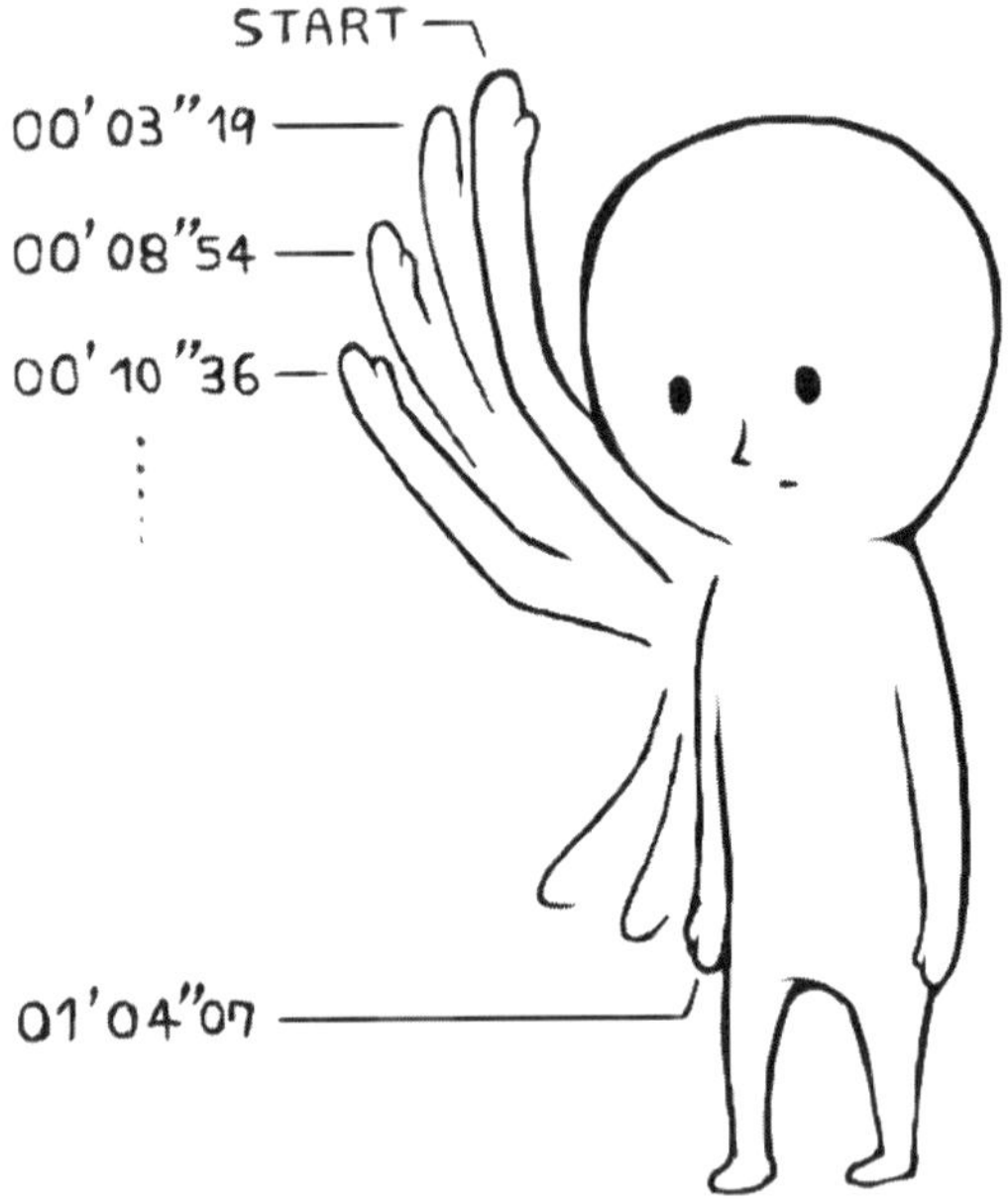

ゆっくりーと手を下げる

ほんとうにしっかり修行したければ、自分でもいやになるほどゆっくりーとやってみたほうがいいのです。

とことんゆっくりと、スローでスローで身体を動かしてみると、山火事のように焦っていた、このこころが、ずーっと静かになって、静かになって、落ち着いてきます。

そうすると、ものごとを観《み》る余裕が出てきます。

ですから、一番目の条件というのは「スローモーション」です。

2

第二の条件「生放送で実況中継」

次は、二番目の条件です。

二番目は「**生放送で実況中継**」です。

これは、いま現在に集中するための方法なのです。

人間はつねに焦《あせ》っていて、なにひとつ、ものごとを正しく判断するということはできません。こころは、すごく混乱して走り回っていて、集中力はない。

焦っていると、集中力は出てこないのです。

「早く駅まで行きたいなあ」

と急いでいる人は、玄関のところに集中しない。道順にも集中しない。むこう側から来る車にも集中しない。

「とにかく早く行くぞ」

と頭がいっぱいで、なにひとつにも集中していない。途中で予想外のなにかが起きて、駅に行けなくなる可能性もあるのに、とにかく駅をめざして焦る。

われわれが焦るのは、先を先を見ているからなのです。先を見ると、いまが見えなくなってしまいます。

こころは、いつも飛ぶのです。ものごとを順番に理解していくのではなく、あっちこっち飛び回っているのですね。走り回っているのです。あてもなく……。

ですから、みなさまがたは、ほんのちょっと、一分か二分くらい、なにもしないで、こころがなにを考えるかと待ってみてください。

いろんなことを、あれこれ考えるでしょう。でも、ひとつも、まともに考えません。

これ考えて、またもうひとつ別のことを考えて、またほかのこと……天気のことを考えて、すぐ食べもののことを考える。次にまたすぐ仕事のことを考えたり、次にまた友達のことを考えたり、次にまた自分のことを考えたりします。

だから、こころはいい加減で、いくら考えたって、ひとつも、ものにならないのですね。

考えるならば、きちんと、行儀よく、順序正しく、ちゃんと考えることです。

あるひとつのテーマ、ポイントに絞《しぼ》って、それはどういうことかと、ていねいに考える。そうすれば、より早くいい結果、いい結論が出るはずなのです。

人間は一所懸命考えるのだけど、なにひとつ、よい結果が出てこない。それは、こころが走り回っているからです。

そこで、走り回っているこころを、現在に縛《しば》っておく必要があるのですよ。こころを現在に縛っておくために、わたしたちが使う手段は、

「やることを独《ひと》り言《ごと》で実況中継してみなさい」

ということです。

たとえば、手を上げる場合は、

「手を上げます、上げます、上げます」

と、現在の行為を現在進行形で実況中継してみます。

手を下げる場合は、

「手を下げます、下げます、下げます」

というふうにです。

もし、ほっぺたを掻《か》くのだったら、

「かきます、かきます、かきます」

とするのです。

そうやって、ずーっと実況中継する。

実況中継「手を上げます、上げます」

実況中継「かきます、かきます」

実践中は、実況中継が隙間《すきま》なく、切れないように、ずーっとするようにしてください。

「生放送で実況中継しなさい」ということが、二番目の条件です。

自分がいまやっていることを実況中継する。これからやることではありません。やり終わったことでもありません。いまやっていることを実況中継してください。

過去にも、将来にも行ってはいけません。なぜなら、過去も将来も存在しない。それは頭の中の概念だけだからです。生きているのは、いまだけなのです。

そういうことで、いまという瞬間に絞って、そこを実況中継する。

実況中継すると、「いま」という現実が、ずーっと流れているのですよ。

ものごとは隙間なく流れている。

ひとつ終わると次のこと、それが終わると次のことというふうに、ものごとは順番に流れているのですね。

だから、実況中継というのは、かなり真剣に、まじめにやらないといけないのです。

それが二番目の条件です。

3

第三の条件「感じること」

三番目の条件というのは、自分がいまやっていることについて、そのことをよく「**感じること**」なのです。

たとえば、

手を上げる場合は、手の上がる感覚を感じてみる。

手を下げる場合は、手の下がる感覚を感じてみる。

「上げても下げても同じ感じだ」と、いい加減に決めつけてはいけま

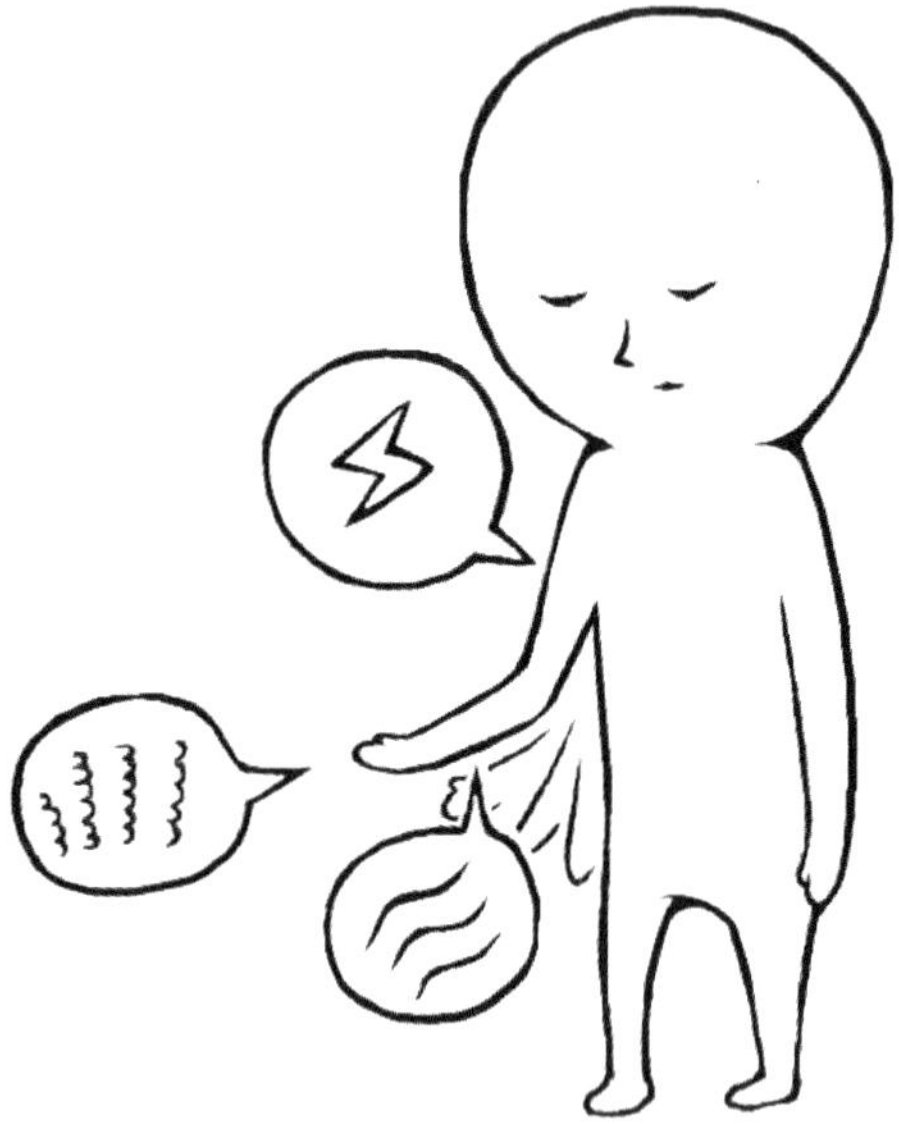

手の上がる感覚を感じる

2回目に手を上げると、ちがう感覚が生まれる

せん。同じではないのです。

手を上げると、ひとつひとつちがう感覚が生まれるのです。下げると、またちがう感覚が生まれるのです。

つぎに二回目に上げると、またちがう感覚が生まれるのです。

そのように、瞬間瞬間、われわれが感じるものは、

「前に感じたものとはちがっている」

「新しいものである」

ということを発見しなくてはいけないのです。

このことを、わたしは覚えやすく「感じること」と言っています。

4

三つの条件の実践がもたらすよい結果

三つの条件は、

1「スローモーション」

2「生放送で実況中継」

3「感じること」

です。実践ということで教えているのは、この三つの条件を守ることです。

ですから、そこには神秘主義もないし、超能力の話もない。すごく具体的で、合理的で、だれにでもできます。真剣にがんばれば、だいたい二週間以内でかならず、自分でも驚くほどのよい結果が出てくるのですよ。

たいへん立派な人間になるはずです。

こころの弱点や欠点などは、仏教ではあまり気にしません。人はだれでも、なにかの弱点をもっています。

この実践をすれば、そういうものは、順番に、きれいに消えていくのです。

わざわざ歯を食いしばって、がんばる必要はないのです。

「よい人間になってやるぞ」

がんばる必要はない

とか、
「こころをきれいにしてやるぞ」
とか、気にする必要はありません。
そんなものは、放っておけば、自然に直っていくのです。
わたしたちの努力するべきところは、三つの条件を守るだけです。
それだけ守っておけば、よい結果になるようにできているのです。
お釈迦さまは、厳密に計算して、そういうシステムをつくっておられるのですから。

5 「観察」と「興味」と「幸福」

そこで、この三番目の「**感じること**」について、もうちょっと説明します。

たとえば、ジャガイモの皮をむくとします。

この場合は、超スローモーションでなく、ふつうでいいのです。でも、焦《あせ》る必要はない。焦ったら、指まで切れてしまいますから。

ジャガイモの皮をむくという場合には、それなりに決まったスピード

があるのです。その決まったスピードで、ゆっくりと

「むきます、むきます、むきます」

と、実況中継しながら皮をむく。

皮をむいている途中で、ジャガイモの形やら、皮の状態やら、そういったものを観察しながら、感じながら、むきます。

ことばは、

「むきます、むきます、むきます」

だけで十分です。

ただ観察しながら、ジャガイモをむいてみる。そうすると、なにか自分には勉強になるのですよ。なにか、知的能力が増すのです。

次に、もうひとつのジャガイモを取って、

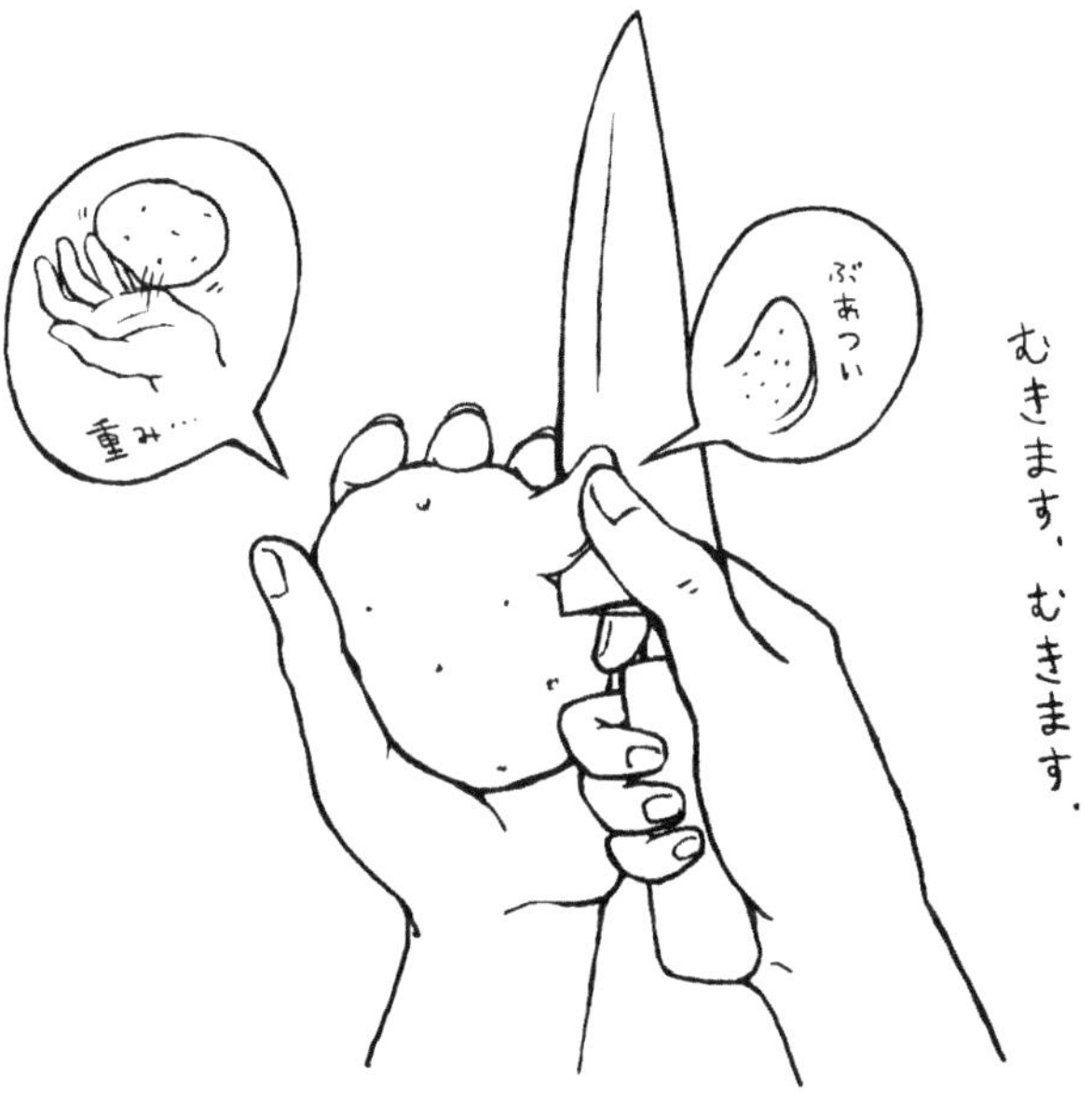

ジャガイモの皮をむく

「同じことだ」

と思ったら、もうだめです。つまらなくなります。同じことではないのです。

次のジャガイモは、まるっきり別な、前のジャガイモとはまったくちがうものなのです。

包丁も、同じ包丁ではないのです。包丁も、それなりに疲れているのですよ。

もしも二番目のジャガイモにも、同じように新鮮な気持ちで、すごく興味をもって、ていねいにむいてみると、いろいろな発見が出てくるのですよ。

次から次へと発見する。その過程でもって、智慧《ちえ》が開発されるので

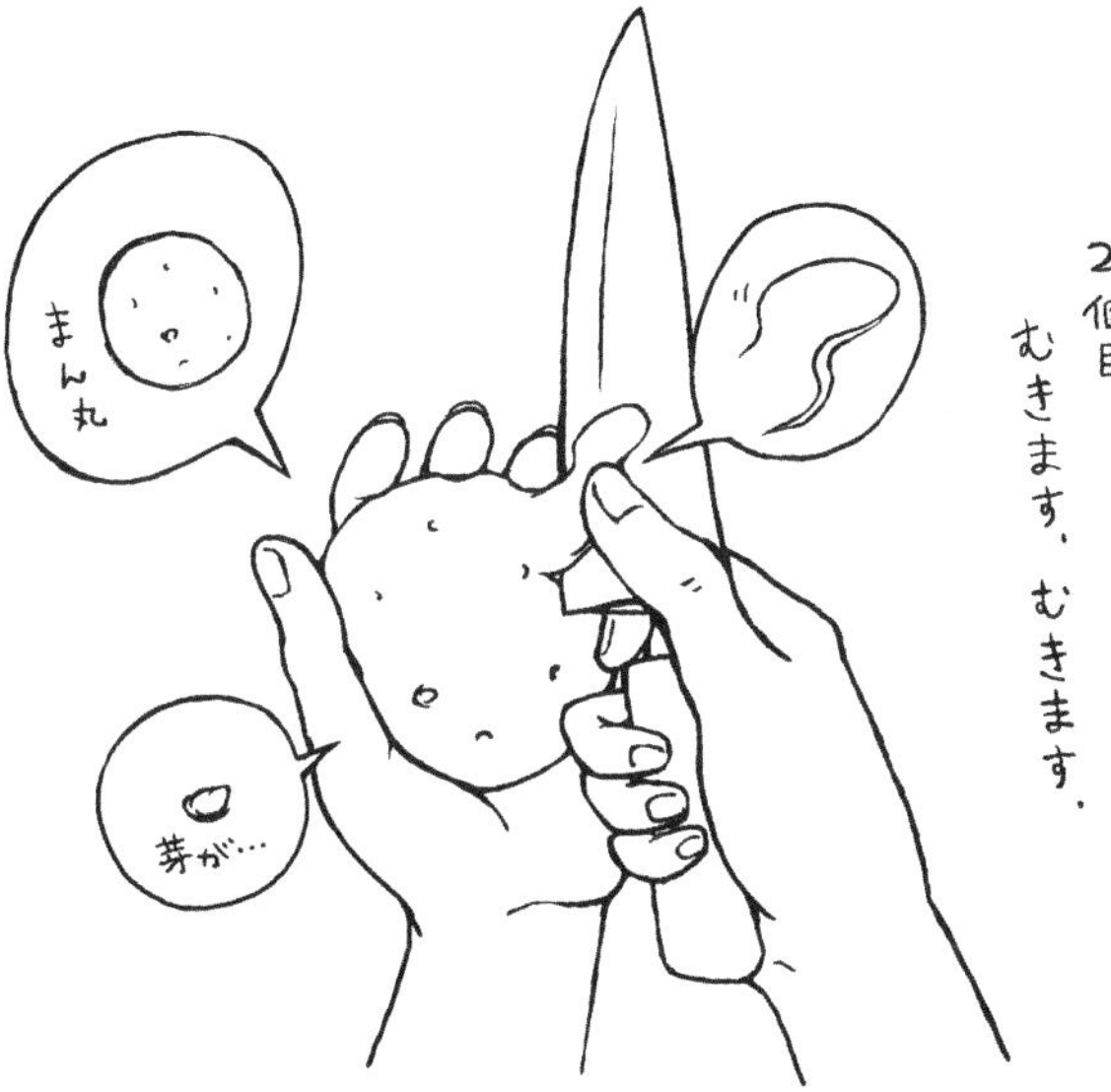

2個目のジャガイモの皮を新鮮な気持ちでむく

す。

わざわざ、なにかを発見しようとする必要はないのです。

そういうことで、この実践というのは、眠っていたこころがかなり冴《さ》えてきて、活発になってきて、なんでも興味深く感じるようになって、おもしろくなってくる、という結果になるのです。

どんどん興味というものが現われてくること、それこそ人間にとっては幸せなのですよ。興味が絶えないということが、幸せなのです。

幸せというものは、そういうものなのです。べつに、ほかのなにかがあるわけではないのです。

たとえば、車を運転していて、

「つまらない」

と思ったら、苦しいのですよ。

「おもしろい」

という興味が出てきたら、楽しいのです。

どんなものでも、重労働でも、

「ああおもしろい」

と感じられるならば、そこに幸福感が生まれてくる。

「ああつまらない、やりたくない」

という気持ちでやると、そこにすごい不幸感が生まれてくる。

だから、幸福か不幸かということは、簡単に決められます。

あなたに日々起こるできごとについて、興味があるかないか、ただそれだけです。

たとえホームレスになって、ごみ捨て場で生活していても、その本人にその場所が興味の山になったならば、おもしろいことがいっぱいあるならば、もっと時間がほしいと思うくらいになったならば、その人はぜんぜん、不幸など感じません。

実際に生活しているのは、健康にもよくないゴミの山の側《そば》かもしれません。ものすごく、ひどい匂《にお》いがするところかもしれません。

でも、匂いがしても、

「まったく同じ匂いではないのだ。いろいろな匂いがある。まあ、この匂い、あの匂い」

と、そうやって観察すると、そこにその本人にはすごい興味が湧《わ》いてくるのです。それで、その人は幸せを感じるのです。

「この匂い、あの匂い」

逆に、われわれから見れば、その人はそのゴミの世界についてはプロなのです。

だから、わたしたちにも、ゴミについてなにか、智慧をさずけてくれることができるのです。

つねに興味のある生き方は、幸せな生き方です。

大金持ちで、豪邸に住むことができて、愛すべき家族があってこそ人間は幸せなのだと思ったら、万人がそういう夢をかなえて幸せになるということは、ありえないことになります。

幸せというのは、生きるものすべてに実現可能なものでなければ意味がないのです。

6 「観察」と「発見」と「智慧」

そういうことですから、三番目の条件「**感じること**」を実践するときは、ひとつ、ひとつ、興味深く観察してほしいのです。

じっと座っているときには、呼吸によるお腹《なか》の動きを観察します。お腹が膨《ふく》らんだら「膨らみ、膨らみ」、縮《ちぢ》むと「縮み、縮み」と実況中継します。その場合も、なんとなく「膨らみ、縮み、膨らみ、縮み」という感じではなく、

「この膨らみは、もうこれっきりだよ」

「この縮みも、もうこれっきりだよ」

「一生、永久に、ふたたび戻ってこないものだ」

と観察してほしいのです。


自分もその瞬間、歳《とし》を取ってしまった。

細胞も、歳を取ってしまった。

一回息を吸うと、われわれはちがう酸素を身体に入れる。

吐《は》くと、身体にある一部を外に出しているのですよ。

一回呼吸すると、それだけで身体が新しく変わっているのですよ。質的にも……。


だから、そこを発見してほしいのです。

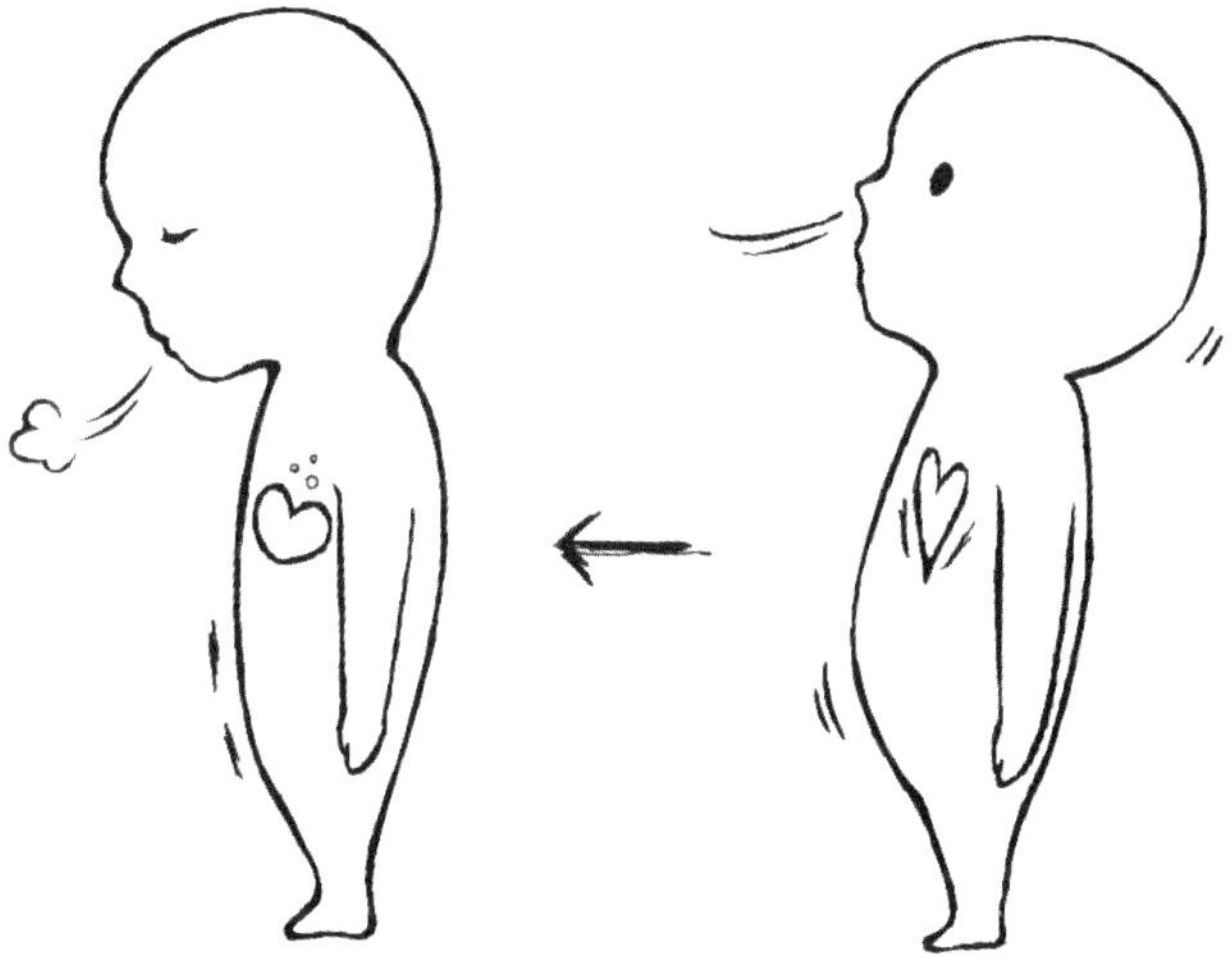

身体が一呼吸ごとに変化しているのを観察する

すべて、一回きりであること。

すべて、瞬間瞬間、変化していくのだということ。

そこで、「わたしのもの」とか、「わたし」という固定したものは、成り立たないのだと。

「これがわたしです」というものは、まるっきり成り立たないのです。

いまの瞬間のわたしは、次の瞬間のわたしではありません。

ものごとは、隙間《すきま》なく変化していく。

ひとつの現象、できごとというのは、その瞬間だけ。

そういうことを、この三番目の条件で発見してほしい。

まあ、いきなり発見はできませんけれど、集中力が増してくれば、どんどんありのままの事実を発見・体験していくのです。

それで同時に、かなり、瞬間をとらえる観察のプロになっているはずなのです。

それでお釈迦さまは、普通の人間のレベルを乗り超える智慧が得られる、とおっしゃっているのです。

その智慧を得ると同時に、すべての煩悩《ぼんのう》は消えてしまうのです。

そういう方向をめざして、がんばってみてください。

あとがき

ふりかえってみれば、私たちはいつも人と自分を比べながら生きています。クラスの中で、会社の中で、サークルの中で、あるいは隣近所と比較して、自分のほうが上だと思うとほっとして、下だと思うと焦《あせ》ったり悔《くや》しくなったりします。ちょっと人と会ったときでも、服装で、持ち物で、交わした会話の内容や近況報告で、もう比べています。比べることで、「いいなあ、うらやましい」「やっぱり私のほうがすごい、よかった」という気持ちから、激しくなると「悔しい」「ざまあみろ」など、優越感や劣等感、傲慢《ごうまん》、嫉妬《しっと》、落ち込み、ありとあらゆる感情が噴き出してきます。

私たちは人と比べることによって、自分の立場を確認しているのです。他人と比べることでしか、自分というものがわからないのではないか、とさえ思えてしまいます。

「自分探し」ということばがあります。自分を見つめたいとき、独りになろうとします。旅に出たりして、見知らぬ環境に身をおこうとします。それは人との比較に疲れ、比較しない本来の自分があるはずだと、それを見出そうとする試みではないでしょうか。

いつも人と比べて生きている私たちにとって、自分以外はライバルです。まわりの人たちを競争相手として、敵として、自分が追い越さねばならない相手として見ているのは、どう考えても疲れる人生です。疲れるだけではありません。おたがいにライバル視しているのですから、おたがいにマイナス面ばかり与えあっていることになります。これはどちらにとっても大損です。

一方で、私たちは助けあう世界の喜びも知っています。人に与えることと、人の役に立つことで、生きているという充実感を味わうことができます。幸せをかみしめることができる瞬間です。

助けあう世界と、ライバル視する世界とは、相反する世界です。同時にはあらわれません。私たちは、多くの時間をライバルの世界に生きながら、ほかのどこかで助けあう世界を求めたり、生活の一部でそれを味わったりしているのではないでしょうか。

では、生活のまるごとがライバルのいない世界になったら？　夢のように安らかで幸せな人生にちがいありません。しかし、それは夢でしょうか。

いいえ。実現可能、というのがお釈迦さまのこたえです。そのための実践方法です。

ヴィパッサナー冥想は派手なことはなにもなく、激しい苦行でもなく、なんだか地道な実践です。一見、遠回りに見えるかもしれません。しかし、自我の問題を消すための、これが最短距離なのです。それは、やってみれば実感できます。また、旅に出るようなおもしろみはないかもしれませんが、「自分探し」というなら、これがまさにその方法です。

はじめたとたんに、自分に直面するからです。
最初から「自我をなくそう」と気負う必要はありません。まずは「自分探し」の気分ではじめてみてはいかがでしょう。実験するような感じで、観察してみてください。やってみた人に次の扉があらわれるのが、ヴィパッサナー冥想のおもしろいところです。

本書に収録されたスマナサーラ長老の法話は、平成十二（二〇〇〇）年九月十六日、山口県下松《くだまつ》市の誓教寺《せいきょうじ》の仏道実践会でお話しされたものです。八年の間にも時代はめまぐるしく変化していますが、お釈迦さまの教えが普遍的であるように、この法話も新鮮みを保ちつづけています。そして、力強く私たちのこころに切り込んでくることに、あらためて驚きを感じます。

長老の法話は、編集後長老の加筆修正も加わり、平成十三（二〇〇一）年三月に誓教寺より施本として発行されました。このたび、その小さな施本が国書刊行会の畑中茂様の目にとまり、装いも新たに出版される運びとなりました。多くのかたがたの目に触れる機会となりますことは、たいへんうれしいことです。出版のご尽力に、こころより感謝いたします。

本書には京都精華大学の一年生、笛岡法子さんがイラストをそえてくださいました。忙しい学生生活のなかで、ウィットに富む多くのイラストを描きあげて若いエネルギーをそえてくださったことは感謝に堪えません。

また、REALIZEの佐藤広基様、桃子様ご夫妻が、美しい装幀でこの書物を彩ってくださいました。この場を借りて、篤く御礼申しあげます。

誓教寺で折々にお話しくださった、小粒でもピリリと辛《から》い山椒《さんしょう》のような長老の法話が、これから全7巻シリーズ「悩みをなくす7つの玉手箱」として毎月発行されます。ホンのひと言で世の中と自分の見方がガラリと変わってしまうほどの、スマナサーラ長老によるお釈迦さまの智慧のお話を、これからもどうぞお楽しみに。

誓教寺坊守　**藤本　竜子**

アルボムッレ・スマナサーラ (Ven. Alubomulle Sumanasara)
1945年、スリランカ生まれ。13歳で出家得度。国立ケラニヤ大学で教鞭をとったのち、1980年に招聘されて来日。
現在、日本テーラワーダ仏教協会の長老として、冥想指導・説法・経典勉強会・講演会・著書の執筆など多方面にわたる仏教活動をおこなう。
2005年、大寺派日本大サンガ主管長老に就任。
著書 『希望のしくみ』(養老孟司との共著、宝島社)
『無常の見方』『怒らないこと』『心は病気』(サンガ)
『死後はどうなるの？』(国書刊行会)
『ブッダ―大人になる道』(筑摩書房) など多数。
連絡 東京都渋谷区幡ヶ谷1-23-9 〒151-0072
(宗)日本テーラワーダ仏教協会

藤本　竜子 (ふじもと　りゅうこ)
1960年、京都市生まれ。関西学院大学文学部教育学科卒業。大谷大学大学院仏教学専攻修士課程修了。現在、浄土真宗誓教寺坊守。

ライバルのいない世界《せかい》 ブッダの実践方法《じっせんほうほう》　スマナサーラ長老の悩みをなくす7つの玉手箱①

ISBN978-4-336-05076-2

平成20年10月15日　初版第1刷発行

著　者　A・スマナサーラ
発行者　佐　藤　今　朝　夫

〒174-0056 東京都板橋区志村1-13-15
発行所　株式会社　国　書　刊　行　会
電話 03(5970)7421　FAX 03(5970)7427
E-mail: info@kokusho.co.jp　URL: http://www.kokusho.co.jp

落丁本・乱丁本はお取替えいたします。　印刷 ㈱シーフォース　製本 村上製本所